FAIT MAISON N°3

par CYRIL LIGNAC

45 recettes du quotidien

rapides & faciles

Éditions
de La Martinière

« Fait maison » est de retour !

Ce tome 3 signe la suite de mes recettes maison et ultra faciles. 45 nouvelles recettes salées et sucrées, toutes réalisées dans ma cuisine entre la fin de l'été et l'automne.

Désormais, la cuisine a repris sa place dans notre quotidien et je suis certain que tu as pris plaisir à dire : « C'est moi qui l'ai fait ! » Gardons cette belle énergie et continuons de cuisiner ensemble à la maison.

Quelques ingrédients et bons conseils suffisent et hop, le tour est joué ! Le déjeuner ou le dîner est rapidement prêt à être dégusté en solo, en duo, en famille ou entre amis.

On va se régaler !

Cyril Lignac

SALÉ

SUCRÉ

FAIT MAISON
SALÉ

CONSEIL :
Tu peux remplacer l'origan par du persil.

DERNIÈRE SALADE D'ÉTÉ

TEMPS DE PRÉPARATION : 15 MINUTES - TEMPS DE CUISSON : 15 MINUTES

POUR 4 PERSONNES

150 g de boulgour ou de quinoa
30 cl d'eau
4 tomates
½ concombre
1 poivron vert
4 petits oignons nouveaux
200 g de feta
25 g d'olives noires dénoyautées
9 cl d'huile d'olive
3 cl de jus de citron jaune
Quelques câpres
Quelques feuilles d'origan fraîches
Sel fin, fleur de sel et poivre du moulin

ÉTAPE 1

Dans une casserole, verse le boulgour, ajoute quelques gouttes d'huile d'olive, sale et verse l'eau, porte à ébullition, baisse le feu, fais cuire 15 minutes, puis couvre.

ÉTAPE 2

Lave les tomates, le concombre et le poivron.
Retire le pédoncule des tomates et taille-les en quartiers.
Épluche et taille le concombre en rondelles fines.
Retire le pédoncule du poivron en faisant le tour de la queue à l'aide d'un couteau d'office, coupe-le en quatre selon les rainures, épluche-le et retire les pépins, émince-le finement. Émince finement les petits oignons après avoir retiré la racine. Coupe enfin la feta en cubes.

ÉTAPE 3

Dans un bol, mélange le jus de citron et l'huile d'olive.
Assaisonne avec de la fleur de sel et du poivre.

ÉTAPE 4

Dépose le boulgour cuit dans un plat, ajoute dessus les tomates, les rondelles de concombre, les oignons et le poivron, puis les olives noires, les cubes de feta et les câpres égouttées. Assaisonne avec la petite sauce.
Parsème de feuilles d'origan. Sers tout de suite.

SALADE PIÉMONTAISE

TEMPS DE PRÉPARATION : 20 MINUTES - TEMPS DE CUISSON : 20 MINUTES

POUR 4 PERSONNES

4 pommes de terre bintje
1 tranche de jambon blanc épaisse (½ cm)
2 tomates
4 oignons cébettes
8 cornichons
¼ de botte de persil plat
¼ de romaine
4 œufs
3 cuil. à soupe de mayonnaise maison (voir recette p. 35 sans le curry)
2 cuil. à soupe de ketchup
Gros sel
Sel fin et poivre du moulin

ÉTAPE 1

Coupe les pommes de terre en dés et plonge-les dans un saladier pour bien les laver.
Taille le jambon en petits dés d'½ cm de côté.
Retire le pédoncule des tomates, coupe-les en quatre, coupe le cœur au couteau, épépine, puis détaille en petits dés. Épluche les oignons et émince-les finement.
Coupe les cornichons en dés. Garde quelques feuilles de persil entières, hache le reste et mets le tout dans des ramequins séparément. Découpe les feuilles de romaine lavées en fines lanières, sans les côtes.

ÉTAPE 2

Plonge les dés de pomme de terre dans une casserole d'eau froide avec une petite poignée de gros sel et porte à ébullition pour 10 à 12 minutes.

ÉTAPE 3

Dans une seconde casserole, porte de l'eau à ébullition et dépose les œufs délicatement pour 9 minutes de cuisson. Égoutte-les et plonge-les dans un bain d'eau glacée. Écale-les dans l'eau.

ÉTAPE 4

Dans un bol, mélange la mayonnaise avec le ketchup.

(suite de la recette, double-page suivante)

(suite de la recette)

SALADE PIÉMONTAISE

CONSEIL

Tu peux faire cuire les pommes de terre bien lavées entières 12 minutes et, à 9 minutes de cuisson, ajoute les œufs dans la casserole. Cuisson deux en un ! Au terme de la cuisson, plonge les œufs dans de l'eau glacée, égoutte les pommes de terre, épluche-les sans les refroidir, mets-les dans un saladier, presse-les au presse-purée, écale les œufs, ajoute-les aux pommes de terre et presse le tout.

ÉTAPE 5

Égoutte les pommes de terre, dépose-les dans un saladier, commence à presser, ajoute les œufs durs, presse-les avec les pommes de terre. Mélange à la spatule. Ajoute la sauce.

ÉTAPE 6

Garde un peu de tomates et de cornichons pour la déco. Dans le saladier, mets le jambon, les tomates, les oignons, les cornichons, le persil, la romaine, assaisonne. Mélange. Dépose dans un plat.
Décore de dés de tomate, de cornichons et de feuilles de persil plat.

SOUPE DE TOMATES VERMICELLES

TEMPS DE PRÉPARATION : 15 MINUTES - TEMPS DE CUISSON : 20 MINUTES

POUR 4 PERSONNES

- 1 kg de tomates rose de Berne ou rondes
- 50 g de vermicelles cheveux d'ange
- 1 oignon
- 20 g de beurre
- 40 cl d'eau
- Sucre semoule
- Sel fin

ÉTAPE 1

Retire au petit couteau le pédoncule des tomates, puis coupe-les en morceaux. Épluche et émince finement l'oignon.

ÉTAPE 2

Dans une casserole haute et chaude, dépose le beurre, laisse-le fondre, ajoute les oignons, fais-les suer sans coloration, puis verse les tomates. Mélange. Verse l'eau, sale et sucre pour éviter l'acidité. Porte à ébullition et baisse le feu. Laisse cuire 15 minutes. Il faut que la soupe fasse un léger velours.

ÉTAPE 3

Au terme de la cuisson, passe la soupe au moulin à légumes (pas au mixeur), puis remets sur le feu et porte à ébullition. Baisse ensuite le feu, vérifie que la soupe a toujours la consistance d'un léger velouté. Arrête la cuisson.

ÉTAPE 4

Plonge les vermicelles crus dans la soupe chaude. Couvre et laisse reposer 5 minutes. Vérifie l'assaisonnement en sel et sers bien chaud.

TARTE FEUILLETÉE AUX CHAMPIGNONS DE PARIS

TEMPS DE PRÉPARATION : 20 MINUTES - TEMPS DE CUISSON : 25 MINUTES

POUR 4 PERSONNES

1 pâte feuilletée
400 g de champignons de Paris rosés gros
500 g de champignons de Paris rosés petits
1 oignon
20 g de beurre
Huile d'olive
Fleur de sel
Sel fin et poivre du moulin

ÉTAPE 1
Préchauffe ton four à 200 °C.
Épluche et cisèle l'oignon. Lave les champignons, taille les gros rosés en fine brunoise mais ne les hache pas. Réserve-les dans un saladier. Taille les petits champignons en lamelles de 3 mm d'épaisseur, coupe bien leur pied à ras de la tête et mets-les dans la duxelles de champignons et d'oignons.

ÉTAPE 2
À l'aide d'un cercle à pâtisserie de 21 à 22 cm de diamètre, forme une empreinte.
Garde ce rond de pâte et mets le reste au frais pour une autre utilisation, des friands par exemple. Abaisse le cercle de pâte feuilletée sur une plaque à pâtisserie recouverte de papier sulfurisé. Dépose une seconde feuille de papier sulfurisé et une seconde plaque à pâtisserie pour éviter que la pâte gonfle. Enfourne pour 16 minutes.
Vérifie la cuisson dessous et sur les côtés.
Réserve la pâte.

ÉTAPE 3
Dans une sauteuse chaude, verse l'huile d'olive puis le beurre, laisse colorer légèrement et ajoute l'oignon, fais-le suer avant d'intégrer la duxelles de champignon.
Assaisonne avec du sel fin. Mélange.
Laisse cuire à feu moyen jusqu'à ce que la duxelles soit cuite, fondante, et que l'eau de végétation ait disparu.
Vérifie l'assaisonnement. Réserve.

ÉTAPE 4
Dans une poêle chaude, verse de l'huile d'olive, ajoute les lamelles de champignon – pas tout, il ne faut pas remplir la poêle –, assaisonne avec du sel fin, laisse colorer quelques minutes sur feu vif, puis égoutte dans une assiette. Procède ainsi pour cuire toutes les lamelles de champignon.

ÉTAPE 5
Sur la pâte feuilletée, répartis la duxelles, puis les lamelles de champignon.
Passe au four 5 minutes pour réchauffer à 190 °C, assaisonne avec de la fleur de sel et du poivre du moulin.

CONSEIL

Préfère toujours des champignons de Paris français car ils ne rendent pas d'eau à la cuisson et ils ne perdent pas de volume. C'est au final mieux pour ton porte-monnaie !

FALAFELS, CRÈME VERTE AU TAHINI

TEMPS DE PRÉPARATION : 12 MINUTES - TEMPS DE TREMPAGE : 12 HEURES
TEMPS DE CUISSON : 20 MINUTES

POUR 4 PERSONNES

Pour les falafels :

350 g de pois chiches secs
150 g de fèves sèches
1 oignon
3 gousses d'ail
1 cuil. à soupe de cumin en poudre
1 cuil. à café de cardamome en poudre
1 botte de persil
½ botte de coriandre
1 cuil. à soupe de bicarbonate de soude
Huile de friture
Sel fin

Pour la sauce thina verte :

100 g de tahini (pâte de sésame)
5 cl de jus de citron jaune
1 gousse d'ail
¼ de botte de coriandre
9 cl d'huile d'olive
9 cl d'eau *(facultatif)*

ÉTAPE 1

La veille, fais tremper les pois chiches et les fèves décortiquées dans un bain d'eau et mets-les au frais.

ÉTAPE 2

Épluche et coupe en morceaux l'oignon et l'ail dégermé, lave et effeuille le persil et la coriandre pour les falafels et la sauce.

ÉTAPE 3

Dans le bol du robot, dépose les pois chiches et les fèves bien égouttés. Ajoute l'oignon, l'ail, les épices, les herbes et le bicarbonate de soude. Mixe pour former une pâte sans trop lisser. Vérifie l'assaisonnement.

ÉTAPE 4

Dans le bol du petit mixeur, verse le tahini, le jus de citron, l'ail, les feuilles de coriandre, l'huile d'olive et ajoute un peu d'eau si nécessaire. Commence à mixer. Forme une sauce verte, verse-la dans un bol.

ÉTAPE 5

Confectionne tes falafels à la main ou à l'aide d'une grosse cuillère trempée dans de l'eau pour éviter que ça colle, puis plonge-les dans un bain de friture à 170 °C jusqu'à ce qu'ils soient bien dorés, environ 4 à 5 minutes. Égoutte-les sur un papier absorbant.

ÉTAPE 6

Sers les falafels avec la sauce verte au tahini, en même temps que le houmous et ses accompagnements (recette p. 22), avec des pains pita.

CHOU-FLEUR BRAISÉ, CRÈME DE PIMENT JALAPEÑO, ZAATAR MAISON

TEMPS DE PRÉPARATION : 20 MINUTES - TEMPS DE CUISSON : 30 MINUTES

POUR 4 PERSONNES

1 chou-fleur
Huile d'olive
Sel fin

Pour le zaatar maison :
30 g de sésame blanc
4 g d'ail râpé
10 g de thym séché
10 g d'origan ou de romarin séché
4 g de zeste de citron jaune râpé
7 g de sumac

Pour la crème de piment jalapeño :
2 cuil. à soupe de piment jalapeño vert mariné (ou de piment mariné et un peu de jus)
100 g de tahini
2 gousses d'ail
50 g de feuilles de coriandre, persil, menthe
10 cl d'eau
Le jus d'1 citron jaune

ÉTAPE 1
Préchauffe le four à 220 °C. Retire les feuilles vertes du chou-fleur au couteau et détaille-le en grosses sommités. Lave le chou-fleur, puis fais-le cuire à l'eau bouillante salée 5 minutes. Égoutte les morceaux à l'aide d'une araignée (c'est plus délicat que dans une passoire pour ne pas les abîmer) et dépose-les dans un plat à four. Verse un trait d'huile d'olive et enfourne pour 15 à 20 minutes, ils doivent être colorés.

ÉTAPE 2
Dans un bol, mélange les ingrédients du zaatar et réserve.

ÉTAPE 3
Épluche les gousses d'ail. Dans le bol du blender, mélange tous les ingrédients de la crème de piment jalapeño et commence à mixer. Réserve au frais.

ÉTAPE 4
Dans le plat de service, dépose les morceaux de chou-fleur bien grillés, verse dessus la crème de piment jalapeño et parsème de zaatar. Tu peux servir ce plat avec du yaourt grec en dessous, ce qui adoucira le piment.

CONSEILS

- Si tu veux garder le chou-fleur entier, plonge-le sans les feuilles dans de l'eau bouillante salée 8 à 10 minutes, égoutte-le, verse un trait généreux d'huile d'olive et passe-le au four à 180 °C pendant 30 minutes, pour qu'il grille.
- Ajoute de l'huile d'olive dans le zaatar et garde-le au frais pour le servir avec du fromage, du poisson ou de la viande.
- Si tu n'as pas de piment jalapeño, remplace-le par des cornichons en rondelles et ajoute du Tabasco®.

HOUMOUS ET SES ACCOMPAGNEMENTS

TEMPS DE PRÉPARATION : 12 MINUTES - TEMPS DE CUISSON : 4 MINUTES

POUR 4 PERSONNES

Pour le houmous :
200 g de pois chiches cuits
5 cl d'eau
150 g de tahini
Le jus d'½ citron jaune
Sel fin

Pour les accompagnements :
2 œufs durs
1 oignon rose frais ou en pickles
Quelques cornichons
1 à 2 cuil. à soupe de pois chiches cuits
1 pincée de paprika en poudre
Quelques feuilles de persil haché
Pains pitas

ÉTAPE 1

Dans une casserole, verse les pois chiches avec leur jus et ajoute l'eau. Fais chauffer pendant 4 minutes, puis transfère dans le bol du mixeur, commence à mixer avec le tahini et le jus de citron. Assaisonne avec du sel fin.

ÉTAPE 2

Sers le houmous dans un plat creux, avec les œufs durs coupés en deux, des lamelles d'oignon frais ou en pickles, quelques cornichons. Dépose dessus des pois chiches cuits, saupoudre de paprika et ajoute un peu d'herbes de ton choix. N'oublie pas les pains pitas !

CONSEIL

Je t'ai donné la recette des pains pitas dans le *Fait maison n° 2* : mélange 7 g de levure de boulanger, 10 cl d'eau tiède et 7 g de sucre, laisse reposer 10 minutes. Pétris à la main 200 g de farine, 1 cuil. à café de sel fin et le mélange de levure. Forme une boule, huile-la et laisse reposer 1 h 30 dans un endroit chaud. Pétris de nouveau la pâte pour chasser l'air, forme une boule et coupe-la en 4 morceaux. Étale-les au rouleau et fais cuire les pains à la poêle 3 à 5 minutes à feu moyen, ils vont cloquer et prendre une légère coloration.

MINESTRONE DE LÉGUMES

TEMPS DE PRÉPARATION : 30 MINUTES - TEMPS DE CUISSON : 40 MINUTES

POUR 4 PERSONNES

1 oignon rose de Roscoff
1 carotte
1 navet
2 courgettes
½ fenouil
1 à 2 branches de céleri
2 champignons de Paris
2 litres de bouillon cube
1 tranche de lard paysan fumé
1 branche de thym
50 g de concentré de tomate
80 g de petites pâtes type riso
1 tranche de pain de campagne
30 g de parmesan
Huile d'olive
Sel fin et poivre du moulin

ÉTAPE 1

Épluche et hache l'oignon, réserve-le dans un bol. Lave les légumes et taille-les en cubes de 4 mm de côté, puis dépose-les dans des bols séparément.

ÉTAPE 2

Dans une grande casserole, verse le bouillon chaud avec les cubes de carotte et de navet. Laisse chauffer sur feu doux pendant que tu fais cuire tes autres légumes à la poêle.

ÉTAPE 3

Dans une poêle chaude, verse un trait d'huile d'olive, ajoute l'oignon, du sel, puis les cubes de fenouil, laisse cuire quelques secondes le temps de bien saisir sans trop de coloration. Verse dans le bouillon. Renouvelle la manipulation pour le céleri avec les champignons, et ensuite avec les courgettes seules.

ÉTAPE 4

Pendant que les légumes cuisent, dans la même poêle, colore le lard avec la branche de thym, puis ajoute aux légumes. Intègre ensuite le concentré de tomate, mélange et laisse cuire aux trois quarts couvert, sur feu doux 15 minutes.

ÉTAPE 5

Au bout des 15 minutes de cuisson, verse les pâtes dans le minestrone, laisse cuire 5 minutes. Toaste la tranche de pain de campagne et coupe-la en morceaux.

ÉTAPE 6

Répartis le minestrone dans les assiettes creuses en laissant la tranche de lard dans le bouillon restant, dépose des croûtons, râpe le parmesan par-dessus et sers bien chaud.

CONSEIL

Tu peux couper la tranche de lard et l'intégrer au minestrone si tu aimes ça.

PIZZA ROULÉE À LA BOLOGNAISE

TEMPS DE PRÉPARATION : 30 MINUTES - TEMPS DE CUISSON : 25 MINUTES

POUR 4 PERSONNES

1 rouleau de pâte à pizza (rectangulaire si possible)
100 g de mozzarella
1 œuf
Quelques feuilles de basilic
Piment d'Espelette
Beurre

Pour la sauce bolognaise :
400 g de viande hachée de bœuf
300 g de sauce tomate ou de tomates concassées
1 oignon
1 gousse d'ail
100 g de champignons de Paris
¼ de carotte
1 petit morceau de céleri-branche
Quelques feuilles de basilic
Huile d'olive
Sel fin et poivre du moulin

Pour l'accompagnement :
Quelques feuilles de salade
7,5 cl d'huile neutre
2 cl de vinaigre de vin
20 g de moutarde
2,5 cl d'eau chaude

ÉTAPE 1
Prépare la sauce bolognaise en premier. Épluche l'oignon et l'ail, cisèle l'oignon et dégerme l'ail. Lave les champignons et épluche la carotte, taille-les en petits cubes. Lave le morceau de céleri et taille-le en petits cubes également. Réserve le tout.

ÉTAPE 2
Dans une casserole, verse un trait d'huile d'olive, fais revenir l'oignon, ajoute les dés de carotte et de céleri, mélange, puis les champignons. Intègre la viande, fais sauter l'ensemble, sale et poivre, ajoute l'ail, le basilic, laisse cuire et caraméliser 10 à 12 minutes, puis verse la sauce tomate. Laisse cuire le plus longtemps possible à feu très doux. Tu peux faire cette préparation la veille ou encore la congeler.

ÉTAPE 3
Préchauffe le four à 250 °C. Étale au rouleau la pâte à pizza en rectangle, si besoin avec un peu de farine. Coupe-la en 4 bandes égales. Dépose la mozzarella râpée tout du long, puis par-dessus la viande cuisinée froide, rabats en premier les côtés, puis, délicatement, pince les bords de haut en bas tout du long.

ÉTAPE 4
Dépose les boudins, côté pincé vers l'intérieur, dans un moule à manqué beurré. Nappe au pinceau d'œuf battu. Enfourne pour 12 à 15 minutes. Au terme de la cuisson, renverse à l'envers la pizza dans une assiette, puis remets-la dans le bon sens dans ton plat de service. Passe au pinceau un peu d'huile d'olive et parsème de piment d'Espelette. Dépose des feuilles de basilic.

ÉTAPE 5
Dans un saladier, verse la moutarde avec le vinaigre, fouette, ajoute l'huile puis l'eau chaude, continue à fouetter. Dépose les feuilles de salade, mélange et dépose-les dans un plat pour accompagner la pizza.

CONSEIL :

Si la pâte à pizza que tu achètes dans le commerce est trop molle, reforme une boule, farine-la, dépose-la 30 minutes au frais, puis étale-la de nouveau, elle sera plus pratique à travailler.

TIAN DE LÉGUMES

TEMPS DE PRÉPARATION : 20 MINUTES - TEMPS DE CUISSON : 35 MINUTES

POUR 4 PERSONNES

1,5 à 2 courgettes longues
1,5 à 2 courgettes jaunes longues
1,5 à 2 aubergines longues
300 g de tomates concassées
1 oignon
1 gousse d'ail
Quelques brins de thym
Quelques feuilles de basilic
Huile d'olive
Sel fin, fleur de sel et poivre du moulin

ÉTAPE 1

Lave les légumes. Taille les courgettes, sans les peler, en rondelles fines de 2 à 3 mm à l'aide d'une mandoline. Puis les aubergines au couteau. Réserve séparément. Épluche l'ail et l'oignon. Hache l'ail et cisèle l'oignon finement.

ÉTAPE 2

Préchauffe le four à 200 °C. Dans une sauteuse chaude, verse un trait d'huile d'olive, ajoute l'oignon, laisse-le suer 1 minute à feu doux, ajoute l'ail, puis les tomates et laisse mijoter 15 minutes. Au terme de la cuisson, verse le tout dans un plat rond pouvant aller au four.

ÉTAPE 3

Range les rondelles de légumes dans le plat, debout, en alternant les tranches de courgette jaune, d'aubergine et de courgette verte. Pour que cela soit plus facile, forme 4 à 5 épaisseurs entre ton pouce et ton index dans ta main, puis dépose le tout dans le plat, en commençant par l'extérieur et en continuant vers l'intérieur, en forme d'escargot. Ne serre pas trop les légumes. Verse un généreux filet d'huile d'olive sur l'ensemble des légumes, assaisonne avec de la fleur de sel et du poivre du moulin, puis ajoute des brindilles de thym. Enfourne pour 20 minutes.

ÉTAPE 4

Au terme de la cuisson, dépose le plat sur une grille ou un repose-plat et retire le thym, remplace-le par des feuilles de basilic.

CONSEIL

Tu peux également intercaler dans les légumes du fromage ou bien des tranches de bacon et saupoudrer les légumes de parmesan râpé 5 minutes avant la fin de la cuisson.

CONSEIL :
Dans la recette traditionnelle,
tu peux conserver la croûte
du maroilles.

ENDIVES AU JAMBON AU MAROILLES

TEMPS DE PRÉPARATION : 20 MINUTES - TEMPS DE CUISSON : 40 MINUTES

POUR 4 PERSONNES

8 endives de pleine terre
8 tranches de jambon blanc fin
½ maroilles
Sucre
1,5 litre de bouillon cube
(ou de bouillon de légumes)
55 g de beurre demi-sel
55 g de farine
75 cl de lait entier
25 cl de crème liquide
1 jaune d'œuf
20 g de beurre doux
(pour la cuisson des endives)
Sel fin et poivre du moulin

ÉTAPE 1

Préchauffe le four à 190 °C.
Sur une planche, dépose les endives et, à l'aide d'un couteau d'office, retire le cœur en formant un tour.
Dans une sauteuse chaude, fais fondre le beurre doux, ajoute les endives et laisse-les s'imprégner de beurre, assaisonne avec du sel et une belle pincée de sucre.
Verse le bouillon chaud et laisse cuire 15 minutes.

ÉTAPE 2

Coupe le maroilles en deux, retire la croûte, puis taille-le en cubes.
Pendant la cuisson des endives, dans une casserole, fais fondre le beurre demi-sel, ajoute la farine, mélange et laisse cuire quelques minutes, verse le lait, puis la crème toujours sur feu moyen, laisse cuire 7 minutes en remuant. La sauce va épaissir naturellement en béchamel, puis, hors du feu, incorpore le jaune d'œuf en fouettant bien. Intègre alors la moitié des cubes de maroilles.
Mélange, poivre et vérifie le sel. Réserve.

ÉTAPE 3

Vérifie la cuisson des endives avec la pointe d'un petit couteau d'office, elle doit entrer facilement dans la chair du légume. Égoutte les endives sur un plat. Étale les tranches de jambon sur ton plan de travail, dépose tes endives dessus et enroule-les dedans. Range les endives au fur et à mesure dans un plat les unes à côté des autres.
Verse la béchamel dessus et dépose quelques cubes de maroilles pour que ton plat soit encore plus gourmand.

ÉTAPE 4

Enfourne pour 20 minutes afin que cela gratine.

CONSEIL :

Tu peux réaliser la même recette uniquement avec des légumes (pommes de terre, haricots verts, champignons...) pour une version végétarienne.

SOUPE COCO-CURRY AUX CREVETTES

TEMPS DE PRÉPARATION : 15 MINUTES - TEMPS DE CUISSON : 15 MINUTES

POUR 4 PERSONNES

18 crevettes crues type gambas
1 oignon blanc
1 tige de citronnelle
25 g de gingembre
1 gousse d'ail
2 choux pak choi
20 g de curry en poudre
60 cl de lait de coco
50 cl de lait entier
Le jus d'½ citron jaune
½ pomme verte
Quelques feuilles de coriandre
Huile d'olive
Sel fin et piment d'Espelette

ÉTAPE 1

Décortique et déboyaute les crevettes, taille-les en trois, réserve-les dans une assiette. Épluche l'oignon et cisèle-le, cisèle la citronnelle. Épluche le gingembre et l'ail et coupe-les en petits cubes. Lave et coupe les choux intégralement en fines tranches.

ÉTAPE 2

Dans une large sauteuse, fais chauffer un trait d'huile d'olive, puis fais revenir sans coloration les oignons, ajoute le gingembre et la citronnelle, fais cuire pendant 3 à 4 minutes. Ajoute le curry, fais-le infuser sans le faire brûler, puis verse le lait de coco, le lait entier et je jus de citron. Porte à ébullition 5 minutes et laisse cuire 15 minutes à petits frémissements, ajoute un peu d'eau si nécessaire.

ÉTAPE 3

Dans une poêle à côté, verse un trait d'huile d'olive, verse le chou et sale. Fais-le cuire 3 minutes. Assaisonne les crevettes avec du sel fin. Ajoute-les au chou, colore-les sur toutes les faces sans trop les cuire.

ÉTAPE 4

Au terme de la cuisson de la sauce, passe-la à travers une passette dans une grande sauteuse. Taille la demi-pomme en bâtonnets.

ÉTAPE 5

Dépose le chou avec les crevettes au centre des assiettes, verse la sauce un peu mousseuse (si tu possèdes un mixeur plongeant), décore de pomme, d'une pincée de piment d'Espelette et de quelques feuilles de coriandre.

CREVETTES SANDWICH-ROLL, MAYO CURRY

TEMPS DE PRÉPARATION : 20 MINUTES - TEMPS DE CUISSON : 5 MINUTES

POUR 4 PERSONNES

8 petits pains au lait à hot-dog (maison ou du commerce)
18 crevettes roses cuites
1 pomme verte
1 avocat
½ cœur de romaine
1 citron vert bio
Quelques feuilles de coriandre
Huile d'olive
Sel fin et fleur de sel

Pour la mayo curry :
1 jaune d'œuf
1 cuil. à café de moutarde
15 cl d'huile neutre
1 cuil. à café de curry en poudre
Sel fin et poivre du moulin

CONSEILS

• On ne coupe pas le pain jusqu'au bout pour éviter que la garniture coule sur les côtés du sandwich.

• Tu peux remplacer les crevettes par du tourteau, du homard ou du poulet si tu es allergique.

ÉTAPE 1

Dans un bol, verse le jaune d'œuf avec la moutarde, mélange et monte au fouet en versant l'huile en filet. Ajoute le curry en poudre. Assaisonne avec du sel fin et, si le curry n'est pas assez puissant, ajoute du poivre du moulin. Réserve au frais.

ÉTAPE 2

Décortique les crevettes et déboyaute-les, puis taille-les en cubes un peu gros, dépose-les dans un saladier. Taille la pomme verte en gardant la peau en petits cubes d'1 à 2 mm de côté, ajoute aux crevettes. Découpe la salade en fines lamelles de 3 mm d'épaisseur, sans les grosses côtes. Coupe l'avocat en deux, retire le noyau à l'aide du talon d'un gros couteau en donnant un coup sec dedans, évite de l'enlever à la main. Épluche-le ensuite à la main et détaille-le en cubes d'½ cm de côté, intègre au mélange. Ajoute un peu de mayonnaise curry. Le mélange ne doit pas être liquide. Sale et réserve au frais.

ÉTAPE 3

Si tu utilises des pains à hot-dog longs et ronds du commerce, taille les côtés longs pour qu'ils soient droits. Dans une poêle chaude, dépose les pains couchés sur un côté et fais colorer, puis colore de l'autre côté. Si besoin, ajoute une goutte d'huile d'olive. Ensuite, à l'aide d'un couteau-scie, coupe l'intérieur tout le long du pain sans aller jusqu'en bas.

ÉTAPE 4

À l'aide d'une cuillère, dépose dans les pains du mélange aux crevettes, des feuilles de coriandre et zeste un peu de citron vert à la Microplane®. Déguste aussitôt.

MOULES AU BOUILLON CURRY ROUGE

TEMPS DE PRÉPARATION : 20 MINUTES - TEMPS DE CUISSON : 30 MINUTES

POUR 4 PERSONNES

2,8 kg de moules de bouchot
1 carotte
2 pommes de terre
1 poivron rouge
1 gousse d'ail
½ oignon
10 g de gingembre frais
1 tige de citronnelle
1 cuil. à soupe de pâte de curry rouge
30 cl d'eau
40 cl de lait de coco
2 citrons verts non traités
1 cuil. à soupe de sucre
2 cuil. à soupe de sauce nuoc-mâm
20 cl de vin blanc
1 brin de thym
Poivre noir en grains
Quelques feuilles de coriandre
Huile d'olive
20 g de beurre
Sel fin

ÉTAPE 1

Épluche l'ail, le gingembre, l'oignon, les pommes de terre, la carotte, le poivron.
Hache l'ail et le gingembre, garde-les ensemble.
Cisèle l'oignon, réserve-le dans un bol. Taille les pommes de terre en cubes d'1 cm de côté et rince-les bien dans l'eau froide. Coupe la carotte en rondelles fines de 2 mm d'épaisseur. Émince le poivron en fines lamelles.
Coupe la tige de citronnelle en deux dans la longueur, mais pas jusqu'au bout de la tête, comme ça, ce sera plus facile pour la retrouver dans le bouillon à la fin.
Taille-la au diamètre de ta casserole.

ÉTAPE 2

Dans une grande casserole, verse un trait d'huile d'olive, mets l'ail et le gingembre, puis la citronnelle, laisse revenir quelques minutes, ajoute la pâte de curry rouge, mélange, laisse cuire 3 à 5 minutes sans coloration.
Intègre l'oignon, les pommes de terre, la carotte et le poivron, laisse cuire 5 minutes. Verse l'eau et le lait de coco. Ajoute le zeste d'1 citron vert prélevé à l'économe, le sucre et la sauce nuoc-mâm, couvre et laisse mijoter 15 minutes à feu doux.

ÉTAPE 3

Dans une seconde casserole, fais chauffer un trait d'huile d'olive et un morceau de beurre, ajoute les moules, le thym, quelques grains de poivre, le vin blanc, couvre et laisse cuire 3 à 4 minutes. Au terme de la cuisson, verse à travers une passoire, récupère les moules et dépose-les dans des assiettes à soupe ou dans un grand plat.

ÉTAPE 4

Verse le bouillon filtré sur les moules, dépose les légumes sans le bâton de citronnelle, ajoute des feuilles de coriandre et des quartiers de citron vert.

CONSEIL

Tu peux servir ces moules avec un bol de riz.

RISOTTO À LA TOMATE, THON ET OLIVES

TEMPS DE PRÉPARATION : 15 MINUTES - TEMPS DE CUISSON : 25 MINUTES

POUR 4 PERSONNES

350 g de riz arborio (riz à risotto)
40 g de beurre
1 oignon
10 cl de vin blanc
1 boule de mozzarella de 125 g
80 g de parmesan râpé
120 g de thon à l'huile d'olive
Quelques olives violettes dénoyautées
Feuilles de basilic
Huile d'olive
Sel fin et poivre du moulin

Pour le bouillon à la tomate :
70 cl de bouillon cube ou de légumes
400 g de sauce tomate
2 gousses d'ail
Quelques feuilles de basilic

ÉTAPE 1

Épluche l'oignon et l'ail, cisèle l'oignon.
Dans le bouillon, verse la sauce tomate, ajoute quelques feuilles de basilic ainsi que les gousses d'ail hachées. Laisse cuire à feu doux 5 minutes.

ÉTAPE 2

Dans une sauteuse sur feu moyen, verse le riz, mélange quelques secondes et ajoute 1 noix de beurre, remue à la spatule, ajoute l'oignon, fais revenir le tout sans coloration. Déglace au vin blanc. Laisse réduire quelques secondes. Verse du bouillon à la tomate, mélange et laisse cuire pendant 15 minutes en remuant et en décollant bien les sucs de cuisson qui se forment sur les bords de la sauteuse. Verse le bouillon au fur et à mesure jusqu'à ce qu'il s'évapore.

ÉTAPE 3

Égoutte et taille la mozzarella en cubes d'1 cm de côté.

ÉTAPE 4

À la fin de la cuisson du riz, sale légèrement si besoin, poivre. Incorpore le parmesan râpé et le reste de beurre, ainsi que la mozzarella, ce qui fera une cuisson totale de 18 minutes.

ÉTAPE 5

Répartis le risotto dans des assiettes plates, tape dans le fond de l'assiette pour qu'il s'étale. Ajoute le thon en petits morceaux, les olives violettes et de petites feuilles de basilic.

CONSEIL

Si tu veux aromatiser un bouillon pour faire un risotto, il suffit de le parfumer à l'avance au lieu de parfumer le riz, la saveur sera plus diffuse pendant la cuisson.

BŒUF SAUTÉ SAUCE SOJA

TEMPS DE PRÉPARATION : 20 MINUTES - TEMPS DE CUISSON : 8 À 10 MINUTES

POUR 4 PERSONNES

400 g de viande de bœuf (filet, bavette ou rumsteck)
1 oignon
1 gousse d'ail
1 carotte
½ concombre
100 g de germes de soja
Quelques feuilles de salade
Quelques feuilles de menthe et de coriandre
1 poignée de cacahuètes concassées
4 quartiers de citron vert
Huile neutre
Sel fin et poivre du moulin

Pour la marinade :
1 cuil. à soupe d'huile d'olive
1 cuil. à soupe de sauce huître *(facultatif)*
1 cuil. à soupe de sauce soja concentrée
1 cuil. à soupe de miel liquide
Poivre du moulin

ÉTAPE 1

Coupe la viande en lamelles et dépose-la dans un plat, verse dessus l'huile d'olive, la sauce huître, la sauce soja, le miel et du poivre. Réserve pendant 10 minutes le temps d'éplucher les légumes.

ÉTAPE 2

Épluche l'oignon et cisèle-le. Épluche l'ail et hache-le. Épluche et râpe finement la carotte. Coupe en bâtonnets le demi-concombre lavé, sans le peler.

ÉTAPE 3

Dans une poêle chaude type wok, verse un trait d'huile, dépose les lamelles de viande marinées, laisse-les caraméliser 1 minute des deux côtés, ajoute l'oignon et l'ail, laisse cuire à feu vif jusqu'à ce que cela dore.

ÉTAPE 4

Pendant ce temps, dépose les feuilles de salade préalablement lavées dans les assiettes. Répartis la viande sur la salade à la fin de la cuisson.

ÉTAPE 5

Dans la même poêle, fais rapidement sauter les germes de soja, en un aller-retour, puis ajoute les carottes, le concombre, mélange rapidement sur le feu, dépose sur la viande. Parsème de quelques feuilles de menthe et de coriandre, des cacahuètes concassées et sers avec 1 quartier de citron vert.

CONSEIL

Tu peux faire une version végétarienne avec du tofu ou avec des œufs (comme des œufs brouillés).

POULET GRILLÉ AUX ÉPICES, MAÏS COCO CITRON

TEMPS DE PRÉPARATION : 20 MINUTES - TEMPS DE CUISSON : 20 MINUTES

POUR 4 PERSONNES

4 blancs de poulet
180 à 200 g de maïs cuit
1 oignon cébette
1 petit morceau de gingembre
1 gousse d'ail
2 citrons verts bio
100 g de noix de coco râpée et toastée
Huile d'olive

Pour la marinade :
2 cuil. à soupe de sauce soja
2 cuil. à soupe d'huile d'olive
1 cuil. à soupe de miel
1 gousse d'ail hachée
½ cuil. à café de thym séché
½ cuil. à café de cannelle en poudre
½ cuil. à café de muscade en poudre
Sel fin et poivre du moulin

Pour la mayonnaise épicée :
250 g de mayonnaise maison (voir recette p. 35 sans le curry)
½ cuil. à café de cumin en poudre
½ cuil. à café de paprika fumé
½ cuil. à café de cannelle en poudre

ÉTAPE 1
Coupe les blancs de poulet en aiguillettes. Épluche l'oignon cébette et cisèle-le, épluche le gingembre et l'ail et râpe-les à la Microplane®, réserve le tout dans un ramequin.

ÉTAPE 2
Dans un plat, verse tous les ingrédients de la marinade du poulet, du sel, du poivre et dépose dedans les aiguillettes. Laisse-les mariner quelques minutes. Préchauffe le gril de ton four à 200 °C.

ÉTAPE 3
Dans une poêle chaude, verse quelques gouttes d'huile d'olive, dépose les aiguillettes de poulet marinées et caramélise-les des deux côtés 5 minutes. Retire-les de la poêle et dépose-les ensuite au four 6 à 7 minutes dans un plat.

(suite de la recette, double-page suivante)

(suite de la recette)

POULET GRILLÉ AUX ÉPICES, MAÏS COCO CITRON

ÉTAPE 4

Dans un bol, mélange la mayonnaise avec le cumin, le paprika, la cannelle. Réserve cette sauce.

ÉTAPE 5

Dans une poêle chaude, avec quelques gouttes d'huile d'olive, fais colorer le maïs, ajoute l'oignon, le gingembre et l'ail râpés. Verse le tout dans un saladier, ajoute 150 g de mayonnaise épicée (il faut que ça lie le maïs, garde le reste de la mayonnaise pour accompagner les aiguillettes).

Mélange. Saupoudre de noix de coco râpée préalablement toastée et de zeste de citron vert finement râpé.

ÉTAPE 6

Dépose les aiguillettes de poulet dans un plat avec 4 quartiers de citron vert, de la mayonnaise épicée et le maïs.

CONSEILS

• Tu peux mettre à mariner le poulet la veille, au réfrigérateur et filmé, pour gagner du temps le jour de la cuisson.

• Tu peux garder le curry dans la recette de la mayonnaise maison, c'est une épice qui se marie très bien avec le cumin et le paprika. N'utilise pas de cannelle si tu ne l'apprécies pas trop.

• Pour torréfier la noix de coco râpée, étale-la sur une plaque de cuisson et enfourne pour quelques minutes à 180 °C.

CONSEIL :

Tu peux réaliser des pickles avec n'importe quel légume et varier les épices (herbes, kombu, gingembre, poivre, citronnelle...). À toi de trouver les mélanges qui t'inspirent.

BOULETTES PIMENTÉES, QUINOA, PICKLES DE CAROTTE

TEMPS DE PRÉPARATION : 30 MINUTES - TEMPS DE CUISSON : 25 MINUTES

POUR 4 PERSONNES

100 g de quinoa
60 cl d'eau
Quelques feuilles de menthe
Graines de sésame
Huile d'olive
Sel fin

Pour les boulettes :
500 g de viande de porc hachée
1 morceau de gingembre
2 gousses d'ail
1 cuil. à soupe de sauce sriracha
1 cuil. à soupe de sauce soja
1 cuil. à soupe de sucre
1 cuil. à soupe de Maïzena®

Pour les pickles de carotte :
2 carottes
3 cl de vinaigre balsamique blanc
3 cuil. à soupe de sucre roux
16 cl d'eau
3 grains de poivre noir
1 cuil. à soupe de sel

Pour la sauce épicée :
2 cuil. à soupe de mayonnaise
1 cuil. à soupe de sauce sriracha
3 cuil. à soupe de yaourt grec

ÉTAPE 1
Épluche le gingembre et l'ail et hache-les. Épluche les carottes et taille-les en bandes très fines à l'aide d'une mandoline. Réserve le tout.

ÉTAPE 2
Dans une casserole, verse un trait d'huile d'olive, ajoute le quinoa préalablement rincé, puis verse l'eau et une belle pincée de sel, laisse cuire 15 minutes. Vérifie la cuisson et ajoute un peu d'eau si nécessaire.

ÉTAPE 3
Dans une casserole, mélange le vinaigre avec le sucre roux, le sel et l'eau, porte à ébullition, ajoute les grains de poivre. Plonge les bandes de carotte dans le bouillon, laisse cuire 1 minute, puis verse le tout dans un petit saladier et filme-le. Laisse mariner les pickles pendant 25 minutes. Si tu t'en sers plus tard, verse-les dans un pot en verre, attends qu'ils refroidissent, puis ferme le pot et place-le au frais pendant plusieurs jours.

ÉTAPE 4
Dans un saladier, mélange la viande hachée avec le gingembre, l'ail, la sauce sriracha, la sauce soja, le sucre et la Maïzena®. Forme des petites boulettes de 2 cm de diamètre. Dans une poêle, verse un trait d'huile d'olive et fais-les dorer à feu vif, puis laisse-les cuire 4 minutes à couvert.

ÉTAPE 5
Dans un petit bol, mélange la mayonnaise avec la sauce sriracha et le yaourt.

ÉTAPE 6
Dans des assiettes creuses à fond plat, dépose le quinoa chaud réchauffé à l'huile d'olive, puis les boulettes, verse la sauce pimentée, les pickles de carotte, parsème de graines de sésame et ajoute quelques feuilles de menthe.

CONSEIL :
C'est mieux de griller les buns au four plutôt qu'au toasteur, car alors seule la mie sera colorée.

BURGER, OIGNONS CONFITS, SAUCE TARTARE

TEMPS DE PRÉPARATION : 10 MINUTES - TEMPS DE CUISSON : 20 MINUTES

POUR 4 PERSONNES

4 pains à burger
2 feuilles de romaine
3 cornichons aigres-doux
1 morceau de cheddar vintage

Pour le steak :
360 g de viande de bœuf hachée
100 g de viande de porc hachée
1 cuil. à café de sel de céleri
1 cuil. à café de cannelle en poudre
1 cuil. à café d'anis sauvage
¼ de botte de coriandre
30 g de beurre + huile d'olive
Sel fin et poivre du moulin

Pour les oignons confits :
2 oignons roses de Roscoff
1 cuil. à soupe de sucre
30 g de beurre + huile d'olive

Pour la sauce tartare :
2 cuil. à soupe de mayonnaise
1 cuil. à soupe de yaourt grec
3 cornichons
1 cuil. à café de câpres
Quelques feuilles de persil
1 piment jalapeño au vinaigre
(ou un autre piment)
1 oignon nouveau
Sel fin et poivre du moulin

ÉTAPE 1
Épluche les oignons roses et coupe-les en deux, coupe la racine, puis taille-les à l'aide d'une mandoline en lamelles fines.
Dans une petite sauteuse, verse un trait d'huile et ajoute le beurre, dépose les oignons et laisse-les caraméliser, environ 6 à 7 minutes. Sale et ajoute le sucre. Réserve dans un bol.

ÉTAPE 2
Prépare la sauce : mélange la mayonnaise et le yaourt grec dans un bol. Hache les cornichons, les câpres et les feuilles de persil, ajoute-les à la sauce. Épluche et cisèle l'oignon, hache le piment, intègre à la sauce. Mélange le tout, sale et poivre. Réserve au frais.

ÉTAPE 3
Hache les feuilles de coriandre. Dans un saladier, mélange la viande de bœuf et la viande de porc, ajoute les trois quarts des oignons confits, les épices et la coriandre hachée, sale et poivre. Forme des steaks dans un emporte-pièce de la taille du bun, puis aplatis légèrement pour apporter du naturel au steak et réserve dans une assiette.

ÉTAPE 4
Coupe les buns en deux et passe-les au four côté mie vers le haut en gril à 240 °C pendant 3 à 4 minutes, et surveille. Coupe les feuilles de romaine en lanières fines. Taille en biseau les cornichons aigres-doux.

ÉTAPE 5
Dans une poêle chaude, verse quelques gouttes d'huile et le beurre, laisse-le colorer, dépose les steaks et fais-les dorer sur les deux faces, puis cuis-les selon la cuisson souhaitée. Arrose à la cuillère du beurre de cuisson.

ÉTAPE 6
Sur le bas du burger, étale de la sauce tartare, puis dépose de la salade, le steak, râpe le cheddar, ajoute des cornichons, le reste des oignons confits chauds, et finis par le chapeau des burgers.

LINGUINE BOLOGNAISE DE LÉGUMES

TEMPS DE PRÉPARATION : 20 MINUTES - TEMPS DE CUISSON : 20 MINUTES

POUR 4 PERSONNES

240 g de linguine
½ oignon
1 gousse d'ail
1 carotte
1 branche de céleri
¼ de potimarron
2 tomates
50 cl de bouillon cube
20 cl de sauce tomate
1 branche de basilic
1 burrata
Huile d'olive
Gros sel
Sel fin et poivre du moulin

ÉTAPE 1

Épluche l'oignon, l'ail et tous les légumes. Cisèle l'oignon et hache l'ail. Coupe la carotte et le céleri en brunoise. Taille le potimarron en cubes de 4 mm d'épaisseur. Retire les pédoncules des tomates, forme une croix sur le haut, plonge-les dans une casserole d'eau bouillante pendant 3 secondes, puis égoutte-les et plonge-les dans un bain d'eau glacée. Épluche-les, coupe-les en quatre, retire le cœur au couteau et taille-les en cubes.

ÉTAPE 2

Mélange le bouillon et la sauce tomate dans une casserole avec le basilic et porte à ébullition quelques minutes, puis baisse le feu.

ÉTAPE 3

Dans une grande casserole d'eau bouillante salée, plonge les linguine et laisse-les cuire 6 minutes.

ÉTAPE 4

Dans une sauteuse, fais chauffer un trait d'huile d'olive et fais revenir l'oignon avec l'ail sans coloration, ajoute le céleri et la carotte, continue la cuisson 3 minutes à feu moyen. Intègre le potimarron, sale, laisse cuire quelques minutes, puis verse du bouillon à hauteur, laisse cuire 5 minutes à feu frémissant.

ÉTAPE 5

Quand les pâtes sont cuites, égoutte-les à la pince en gardant l'eau de cuisson, dépose-les dans une sauteuse avec du bouillon tomaté, puis continue la cuisson 5 à 6 minutes. Sers les pâtes dans un plat à l'aide d'une pince et d'une louche, dépose dessus la bolognaise de légumes. Au dernier moment, ajoute dessus les cubes de tomate, la burrata coupée en deux et poivre.

CONSEIL :

Si tu ne trouves pas de burrata, remplace-la par de la mozzarella ; pour une version vegan, tu peux supprimer le fromage.

CHILI CON CARNE

TEMPS DE PRÉPARATION : 30 MINUTES - TEMPS DE CUISSON : 45 MINUTES

POUR 4 PERSONNES

600 g de viande de bœuf hachée
1 oignon
1 gousse d'ail
1 piment jalapeño vert
15 cl de bière blonde
1 cuil. à soupe de vinaigre de cidre
1 cuil. à café de cumin en poudre
2 cuil. à café de paprika
400 g de tomates concassées
2 cuil. à soupe de concentré de tomate
2 tasses de haricots rouges cuits
1 boîte de maïs
Quelques brins d'origan
Huile d'olive
Sel fin et poivre du moulin

Pour les accompagnements :
2 avocats
2 citrons verts
Quelques feuilles de coriandre fraîche
4 cuil. à soupe de crème fraîche
Chips tortillas

ÉTAPE 1
Épluche l'oignon et l'ail. Cisèle l'oignon. Hache l'ail. Coupe le piment en deux, épépine-le, puis taille-le en tout petits dés.

ÉTAPE 2
Dans une cocotte, verse de l'huile d'olive, ajoute l'oignon et l'ail, laisse suer sans coloration, déglace à la bière. Intègre la viande, laisse cuire jusqu'à ce que l'eau naturelle s'évapore, puis verse le vinaigre, les épices, les tomates concassées et le concentré. Sale, poivre, mélange le tout et laisse cuire 10 minutes, à couvert sur feu doux.

ÉTAPE 3
Intègre dans la cocotte les haricots rouges égouttés, la moitié du piment haché, le maïs et les brins d'origan, en gardant quelques feuilles pour la déco du plat. Mélange et laisse cuire à couvert 20 minutes sur feu moyen. Fais attention à ce que le mijoté soit toujours assez mouillé, ajoute un peu d'eau s'il sèche et mélange régulièrement.

ÉTAPE 4
Épluche les avocats et taille la chair en morceaux, dépose-la dans un mortier et écrase-la au pilon avec des feuilles de coriandre, du jus de citron vert, un peu de sel, 1 cuillerée à soupe de crème fraîche et le reste du piment jalapeño. Transfère ce mélange dans un bol et mets-le sur la table. Sers également des tortillas, des quartiers de citron vert et un bol de crème fraîche.

ÉTAPE 5
Vérifie l'assaisonnement du chili et verse-le dans un plat de service, décore de feuilles de coriandre et d'origan frais. Dépose le plat au milieu de la table et déguste bien chaud avec les accompagnements.

SPAGHETTIS AUX SAUCISSES ET À LA SAUCE TOMATE

TEMPS DE PRÉPARATION : 15 MINUTES - TEMPS DE CUISSON : 20 MINUTES

POUR 4 PERSONNES

240 g de spaghettis
4 chipolatas
½ oignon
400 g de sauce tomate
1 à 2 branches de basilic
50 g de parmesan
Huile d'olive
15 g de beurre
Gros sel de cuisine
Sel fin et poivre du moulin

ÉTAPE 1

Dans une poêle chaude, verse un trait d'huile, dépose les saucisses, laisse-les bien colorer et rôtir pendant 4 minutes à feu moyen.

ÉTAPE 2

Épluche et cisèle l'oignon.
Dans une casserole, fais chauffer quelques gouttes d'huile avec un morceau de beurre, ajoute l'oignon et fais-le fondre sans coloration sur feu moyen, puis verse la sauce tomate et laisse cuire avec les feuilles de basilic (gardes-en quelques-unes pour la décoration finale), à couvert, pendant 10 minutes.

ÉTAPE 3

Coupe les saucisses en morceaux, remets-les dans ta poêle et verse dessus un peu de sauce tomate. Continue à cuire très doucement. Arrête la cuisson de la sauce tomate.

ÉTAPE 4

Dans une casserole d'eau bouillante salée, plonge les spaghettis 6 minutes. Au terme de la cuisson, égoutte-les et dépose-les dans la sauce tomate, puis continue la cuisson pendant 4 minutes en enrobant bien les pâtes de sauce. Ajoute un peu d'eau de cuisson des pâtes.

ÉTAPE 5

À la fin de la cuisson, intègre les trois quarts des saucisses dans les pâtes, mélange, transfère dans un plat de service. Dépose au-dessus le reste des saucisses et râpe du parmesan, décore de quelques feuilles de basilic.

CONSEIL :
Pour bien enrober les spaghettis
de sauce tomate,
aide-toi d'une pince à pâtes.

LÉGUMES FARCIS ET CÉRÉALES AU FOUR

TEMPS DE PRÉPARATION : 40 MINUTES - TEMPS DE CUISSON : 1 H 10

POUR 4 PERSONNES

600 g de viande de veau hachée
4 oignons roses de Roscoff
4 tomates
1 gousse d'ail
¼ de botte de persil
1 botte de brocoletti
1 trait de vinaigre blanc
40 g de quinoa
40 g de boulgour
40 g de couscous fin
50 cl d'eau
20 cl de coulis de tomates
½ cuil. à café de curry en poudre
½ cuil. à café de curcuma
½ cuil. à café de cannelle en poudre
½ cuil. à café de sel de céleri
1 anis étoilé
20 g de beurre
Huile d'olive
Sel fin et poivre du moulin

ÉTAPE 1

Épluche les oignons. Dans une casserole d'eau frémissante salée, plonge les oignons entiers et laisse-les cuire 20 minutes. Laisse-les refroidir.

ÉTAPE 2

Lave les tomates. Épluche l'ail, dégerme-le et hache-le, ainsi que le persil sans les queues. Coupe les brocoletti, bien lavés avec un trait de vinaigre blanc, en petits morceaux.

ÉTAPE 3

Dans une casserole, verse l'eau et le coulis de tomates avec les épices. Porte à ébullition. Dans le plat de cuisson, verse la moitié du bouillon sur les céréales, sale et réserve.

ÉTAPE 4

Préchauffe le four à 190 °C.
Coupe le dessous des oignons pour qu'ils tiennent droit et mets les chapeaux de côté. Vide les oignons à l'aide d'un petit couteau, en ne gardant que deux épaisseurs. Dépose-les sur les céréales. Coupe les tomates aux trois quarts et vide le bas à la cuillère, dépose-les sur les céréales. Taille la chair des oignons et des tomates en petits morceaux, place-les dans des ramequins séparés.

ÉTAPE 5

Dans une cocotte, verse un trait d'huile d'olive et mets les oignons coupés, laisse suer avec une légère coloration, puis ajoute l'ail, la viande, sale et poivre, laisse le jus de cuisson s'évaporer sur feu vif. Verse le reste de bouillon à la tomate, laisse cuire sur feu moyen 6 à 7 minutes. Intègre la chair des tomates, laisse cuire quelques minutes sur feu moyen, ajoute les brocoletti et le persil haché. Laisse mijoter 20 minutes aux trois quarts couvert tout en surveillant.

ÉTAPE 6

À la cuillère, dépose la farce dans les oignons et les tomates et referme avec les chapeaux. Verse dessus du beurre fondu, assaisonne et enfourne pour 20 minutes.

HARICOTS COCO À LA TOMATE, SAUCISSES AU FOUR

TEMPS DE PRÉPARATION : 30 MINUTES - TEMPS DE CUISSON : 1 H 10

POUR 4 PERSONNES

1 kg de haricots coco frais épluchés
300 g de sauce tomate
4 chipolatas
4 tranches de saucisson à l'ail un peu épaisses
½ carotte
¼ de branche de céleri
½ oignon
1 gousse d'ail
25 cl d'eau
1 branche de thym
1 feuille de laurier
50 g de chapelure de pain
45 g de beurre
Huile d'olive
Sel fin et poivre du moulin

ÉTAPE 1
Préchauffe le four à 190 °C.
Dans un plat, dépose les saucisses, colore-les, puis enfourne-les pour 10 minutes.

ÉTAPE 2
Épluche l'oignon, la carotte, la branche de céleri et l'ail. Cisèle l'oignon, coupe la carotte en brunoise ainsi que le céleri, dégerme l'ail et hache-le.

ÉTAPE 3
Dans une sauteuse ou une cocotte, fais chauffer un trait d'huile d'olive et 25 g de beurre, fais suer l'oignon quelques minutes sans coloration, puis ajoute la carotte et le céleri sur feu moyen, mélange et laisse cuire sans coloration. Intègre les haricots coco, mélange. Ne sale pas car cela empêcherait la bonne cuisson. Verse la sauce tomate et l'eau. Laisse cuire 8 à 10 minutes à feu doux. Ajoute le thym et la feuille de laurier, tu peux poivrer. Couvre.

ÉTAPE 4
Au terme de la cuisson des saucisses, sors-les du four, coupe-les en tranches en biais et intègre-les dans la cocotte. Continue la cuisson 10 minutes à feu doux, puis ajoute les tranches de saucisson à l'ail.

ÉTAPE 5
Dans un grand plat de service, dépose les haricots cuisinés avec la viande, parsème de chapelure et de morceaux de beurre, enfourne pour 45 minutes.

LASAGNES DE LÉGUMES AU THON

TEMPS DE PRÉPARATION : 30 MINUTES - TEMPS DE CUISSON : 50 MINUTES

POUR 4 PERSONNES

6 feuilles de lasagnes sèches
1 courgette
½ aubergine
200 g de tomates cerise
1 oignon
300 g de thon à l'huile d'olive
300 g de sauce tomate un peu réduite
1 gousse d'ail
1 pincée de paprika en poudre
½ cuil. à café de curry en poudre
1 morceau de parmesan à râper
(ou autre fromage)
Huile d'olive
Sel fin et poivre du moulin

Pour la béchamel :
40 g de beurre
40 g de farine
50 cl de lait entier
125 g de parmesan râpé
(ou un autre fromage râpé)

ÉTAPE 1
Dans une casserole d'eau frémissante salée, fais cuire les feuilles de lasagnes 4 minutes. Au terme de la cuisson, égoutte-les et plonge-les dans un bain d'eau avec quelques glaçons. Retire-les aussitôt et dépose-les sur un torchon avec un peu d'huile d'olive.

ÉTAPE 2
Lave les légumes. Coupe la courgette et l'aubergine en tranches de 2 à 3 mm. Dans une poêle chaude, verse un bon trait d'huile d'olive, dépose les tranches d'aubergine, assaisonne-les avec du sel et du curry en poudre et laisse-les colorer des deux côtés, environ 10 minutes. Au terme de la cuisson, dépose-les dans une assiette.

ÉTAPE 3
Coupe les tomates cerise dans la largeur et mets-les dans un saladier. Épluche et cisèle l'oignon. Épluche l'ail, dégerme-le et hache-le.

ÉTAPE 4
Dans une sauteuse, verse un trait d'huile d'olive, fais suer l'oignon, puis ajoute l'ail, verse la sauce tomate, laisse cuire à feu moyen quelques minutes, puis intègre le thon émietté bien égoutté, le paprika, 1 pincée de sel, 1 pincée de poivre. Laisse mijoter à feu doux 7 à 8 minutes à couvert pour que le thon soit bien confit. Réserve le tout sans le couvercle.

ÉTAPE 5
Préchauffe le four à 200 °C. Dans une casserole, fais fondre le beurre, ajoute la farine, mélange, et laisse cuire 8 minutes pour faire un roux blond sans coloration. Verse le lait en remuant avec une spatule. Incorpore le parmesan. Mélange bien et garde de côté.

ÉTAPE 6
Dans un plat à gratin, dépose une couche d'aubergines, puis une couche de thon cuisiné, 3 feuilles de pâte précuite, nappe de béchamel, dépose les courgettes crues, ajoute une nouvelle couche d'aubergines, 3 feuilles de pâte, nappe de béchamel, puis répartis les tomates cerise et parsème de parmesan râpé. Enfourne pour 20 minutes jusqu'à ce que le plat compote et grille légèrement sur le dessus.

CONSEIL :

Si tu as des pâtes fraîches pour le montage de tes lasagnes, pas besoin de les cuire à l'avance, tu peux les utiliser telles quelles.

BAR EN CROÛTE DE SEL, VIERGE DE LÉGUMES

TEMPS DE PRÉPARATION : 25 MINUTES - TEMPS DE CUISSON : 30 MINUTES
TEMPS DE REPOS : 10 MINUTES

POUR 4 PERSONNES

1 bar d'1,4 kg avec tête et écailles
Herbes sèches (thym, fenouil, origan)
3,2 kg de gros sel de Guérande
150 g de blancs d'œufs (environ 5 œufs)

Pour la fondue de poireaux :
2 poireaux
20 g de beurre
Huile d'olive
Sel fin et poivre du moulin

Pour la vierge de légumes :
1 courgette
50 g de brocoli
12 tomates cerise
1 citron jaune non traité
Huile d'olive
Fleur de sel
Piment d'Espelette

ÉTAPE 1

Prépare le bar ou demande au poissonnier de le faire (il faut retirer les ouïes, l'intérieur du ventre, le sang), puis mets les herbes dans le ventre. Garde les écailles, car c'est la protection de la chair. Préchauffe ton four à 190 °C.

ÉTAPE 2

Dans un saladier, verse le gros sel de Guérande avec les blancs d'œufs et mélange à la main (attention à ne pas rendre le sel liquide). Dépose un lit de gros sel sur une plaque à pâtisserie de la grandeur du poisson, dépose le poisson dessus (s'il est trop grand, réalise un manteau autour du poisson en sculptant sa forme de la tête à la queue). Enfourne pour 30 minutes.

ÉTAPE 3

Lave bien et émince finement les poireaux. Dans une sauteuse chaude, verse un trait d'huile d'olive, ajoute le beurre, laisse-le mousser, puis mets les poireaux, sale, poivre, mélange et laisse cuire quelques minutes à feu moyen sans coloration.

(suite de la recette, double-page suivante)

CONSEILS :

- Si le poisson est plus grand que la plaque du four, coupe la tête ou la queue et protège la chair avec un papier absorbant.
- Si tu veux préparer un poisson pour 2 personnes, compte un bar de 700 g, 15 minutes de cuisson avec 10 minutes de repos.
- Pour une pièce d'1 kg, mets au four 20 minutes à 190 °C et compte toujours 10 minutes de repos.
- Tu peux varier les poissons : sole, turbot, rouget...

(suite de la recette)

BAR EN CROÛTE DE SEL, VIERGE DE LÉGUMES

ÉTAPE 4

Pour la vierge, lave les légumes.
Coupe la courgette en brunoise et dépose-la dans un bol. Coupe les sommités du brocoli, fais-les cuire à l'eau bouillante salée 30 secondes, puis rafraîchir dans un bain glacé, incorpore-les aux courgettes.
Taille les tomates cerise en huit, dépose-les dans le bol. Râpe un peu de zeste du citron jaune, presse le jus, verse de l'huile d'olive à hauteur des légumes, sale avec de la fleur de sel et parfume de piment d'Espelette.

ÉTAPE 5

Au terme de la cuisson du poisson, sors-le du four, laisse-le reposer 10 minutes dans un endroit sans courant d'air.
Casse la croûte sur le côté du dos, jusqu'au ventre. Retire bien tout le sel du dessous, puis, en premier, la peau, et délicatement la chair de l'arête dorsale, répartis dans les assiettes.

ÉTAPE 6

Sers avec la fondue de poireaux et la sauce vierge.

CONSEIL :
Tu peux remplacer les lentilles
par des haricots blancs ou
rouges. Il faut les faire tremper
la veille et la cuisson
est d'environ 30 minutes.

ROUGAIL SAUCISSES

TEMPS DE PRÉPARATION : 30 MINUTES - TEMPS DE CUISSON : 50 MINUTES

POUR 4 PERSONNES

Pour la cuisson des lentilles :
100 g de lentilles vertes du Puy
1 carotte
1 oignon
50 cl de bouillon cube
10 g de beurre + huile d'olive
Sel et poivre

Pour la cuisson des saucisses :
4 saucisses type Montbéliard
3 tomates
3 cm de gingembre frais
2 gousses d'ail
1 petit piment vert
1 pincée de fleur de sel
1 oignon
Huile d'olive

Pour le condiment :
100 g de tomates
1 piment rouge
½ oignon nouveau
1 morceau de gingembre frais
1 citron combava
Huile d'olive

Pour l'accompagnement :
150 g de riz blanc
Sel

ÉTAPE 1

Épluche la carotte et l'oignon, cisèle l'oignon et taille la carotte en petits cubes. Dans une casserole, fais chauffer un trait d'huile d'olive et le beurre, ajoute l'oignon et la carotte, laisse-les cuire 1 à 2 minutes, verse les lentilles, ne sale pas. Verse le bouillon et laisse cuire 20 minutes.

ÉTAPE 2

Dans une casserole d'eau bouillante, plonge les saucisses et laisse-les blanchir 6 minutes, égoutte-les et coupe-les en tranches en biais d'1,5 à 2 cm d'épaisseur.

ÉTAPE 3

Coupe les tomates en morceaux. Réserve.
Dans un mortier, broie le morceau de gingembre épluché avec le piment vert épépiné, l'ail épluché et dégermé et la fleur de sel. Épluche et émince l'oignon.
Dans une casserole chaude, avec un trait d'huile d'olive, verse l'oignon, ajoute les saucisses, le mélange pimenté, puis les tomates, fais revenir 5 minutes.
Couvre aux trois quarts et laisse cuire 15 minutes à feu doux.

ÉTAPE 4

Retire le pédoncule des tomates pour le condiment, forme une croix au couteau sur le haut des tomates et plonge-les dans de l'eau bouillante 2 à 3 secondes, ce que l'on appelle « monder ». Égoutte tout de suite et plonge-les dans de l'eau avec des glaçons, retire la peau et coupe-les en deux, puis en quatre, retire le cœur et taille les pétales en cubes.
Épépine le piment et taille-le en tout petits dés.
Épluche l'oignon nouveau, cisèle-le, épluche le gingembre, hache-le et intègre le tout aux tomates dans un bol, avec le combava râpé.
Verse un trait d'huile d'olive pour finir.

ÉTAPE 5

Fais cuire du riz blanc pendant 10 minutes dans une casserole d'eau bouillante salée.
Vérifie la cuisson des lentilles et sale-les.
Transfère-les dans un plat et sers avec les saucisses et la sauce tomate dans un autre plat de service, avec le riz et le condiment.

CATAPLANA AUX FRUITS DE MER

TEMPS DE PRÉPARATION : 25 MINUTES - TEMPS DE CUISSON : 20 MINUTES

POUR 4 PERSONNES

4 morceaux de lotte de 90 g
8 crevettes roses crues (type gambas)
200 g de moules
200 g de palourdes
1 oignon
1 poivron vert
1 poivron rouge
2 tomates
3 pommes de terre
10 cl de vin blanc
20 cl de sauce tomate
2 cuil. à soupe de persil haché
Huile d'olive
Huile de friture
Sel fin

ÉTAPE 1

Épluche l'oignon et émince-le finement. Retire le pédoncule des poivrons, coupe le poivron rouge en rondelles et le vert en fine julienne. Retire les pédoncules des tomates et coupe-les morceaux.

ÉTAPE 2

Dans la cataplana, fais chauffer un trait d'huile d'olive, mets l'oignon émincé, mélange, ajoute le poivron vert, puis le poivron rouge en rondelles, mélange de nouveau sans casser les légumes. Pendant la cuisson sur feu doux, coupe 2 pommes de terre en grosses rondelles épaisses, dépose-les sur le mélange, ajoute les morceaux de poisson et verse le vin blanc, laisse légèrement réduire. Verse ensuite la sauce tomate et le persil haché sans mélanger, puis les tomates en cubes par-dessus et ferme avec le couvercle, laisse cuire 12 minutes.

ÉTAPE 3

Décortique et déboyaute les crevettes. Dépose-les sur le reste des ingrédients en cuisson, avec les moules et les palourdes, referme la cataplana et laisse cuire 6 à 7 minutes, le temps que les coquillages s'ouvrent.

ÉTAPE 4

À l'aide d'une mandoline, taille de fines lamelles de pomme de terre, puis retaille au couteau de fins bâtonnets comme des frites, ce qu'on appelle des pommes paille. Plonge-les dans de l'eau pour bien les rincer de leur amidon. Sèche-les bien dans un torchon propre, puis fais-les frire dans un bain de friture à 190 °C. Égoutte-les sur un papier absorbant et sale-les légèrement.

ÉTAPE 5

Au moment de servir, retire le couvercle de la cataplana et dépose les pommes paille sur un côté.

CONSEILS

- La cataplana est une sorte de gros wok rond en métal, d'origine portugaise. Tu peux bien sûr utiliser à la place une grande sauteuse avec un couvercle.
- Tu peux remplacer la lotte par n'importe quel poisson comme le merlu, le saumon, le cabillaud... en fonction de ta région et du marché.

FAIT MAISON

SUCRÉ

BANANA CAKE

TEMPS DE PRÉPARATION : 15 MINUTES - TEMPS DE CUISSON : 1 H 20

POUR 4 PERSONNES

Pour les bananes caramélisées :
2 bananes
10 g de beurre
20 g de sucre

Pour la pâte à gâteau :
3 bananes
2 cuil. à soupe de graines de chia
12 cl de lait de riz
Le jus d'½ citron
280 g de farine
1 sachet de levure chimique
90 g de sucre
1 fève tonka
50 g de beurre + pour le moule
30 g d'huile de cacahuète
30 g d'huile de tournesol

ÉTAPE 1
Épluche toutes les bananes. Gratte les bananes que tu vas caraméliser pour retirer l'amidon, coupe-les en deux dans la longueur. Dans une poêle, fais colorer le beurre, dépose les bananes à plat, commence à colorer et saupoudre de sucre, retourne-les et continue la caramélisation, environ 4 minutes sur feu moyen. Réserve sur une assiette.

ÉTAPE 2
Préchauffe ton four à 180 °C.

ÉTAPE 3
Dans un saladier, dépose les 3 bananes grattées et coupées en morceaux, commence à les écraser, verse les graines de chia, mélange, puis le lait de riz et le jus de citron, incorpore la farine et la levure, continue à mélanger. Sucre et râpe de la fève tonka à ton goût. Verse enfin le beurre préalablement fondu et les huiles.

ÉTAPE 4
Verse la préparation dans un moule à cake beurré, dépose les bananes caramélisées sur le cake et enfourne pour 1 h 10.

ÉTAPE 5
Au terme de la cuisson, attends que le cake soit froid ou tiède avant de le servir.

TARTE FINE AUX PÊCHES

TEMPS DE PRÉPARATION : 20 MINUTES - TEMPS DE CUISSON : 20 MINUTES

POUR 4 PERSONNES

4 pêches jaunes
3 feuilles de brick
50 g + 25 g de beurre fondu
80 g de tapioca
2 cuil. à soupe de miel un peu fondu (si tu as du miel liquide, tu n'as pas besoin de le faire fondre)
50 g de pistaches

CONSEILS

• Ce qui est bien avec le tapioca, c'est qu'il boit le jus des fruits ; parfait pour les figues, mirabelles, pamplemousse, orange, framboises, fraises...

• Grâce aux feuilles de brick, cette tarte est très rapide à préparer, et tu peux varier les plaisirs pour le topping : amandes concassées, noix de cajou, pépites de chocolat (quand c'est froid), raisins secs (gonflés au rhum) !

ÉTAPE 1

Lave et coupe les pêches en lamelles. Pour un cercle à tarte de 24 cm de diamètre, prévois 35 lamelles de pêche et 12 demi-lamelles pour le cercle du milieu.

ÉTAPE 2

Préchauffe le four à 180 °C. Fais fondre 25 g de beurre et nappe au pinceau les feuilles de brick avant de les déposer les unes sur les autres dans le cercle ou le plat à tarte. Verse ensuite le tapioca sur les feuilles de brick pour faire un lit.

ÉTAPE 3

Range en rosace les lamelles de pêche sur le tapioca, verse au pinceau un peu de beurre fondu et une belle cuillerée de miel un peu fondu. Enfourne pour 20 minutes.

ÉTAPE 4

Pendant la cuisson de la tarte, toaste les pistaches quelques minutes dans une poêle à sec, puis concasse-les grossièrement.

ÉTAPE 5

Au terme de la cuisson, sors délicatement la tarte du moule, à l'aide de deux spatules car elle risque d'être molle. Dépose-la dans un plat. Saupoudre de pistaches concassées.

FINANCIER À LA NOISETTE

TEMPS DE PRÉPARATION : 12 MINUTES - TEMPS DE CUISSON : 45 MINUTES

POUR 4 PERSONNES

90 g de poudre de noisettes
100 g de beurre
60 g de farine
150 g de sucre glace
1 pincée de sel fin
½ gousse de vanille
4 blancs d'œufs
Sucre glace *(facultatif)*
Beurre et farine pour le moule

ÉTAPE 1
Préchauffe ton four à 190 °C.

ÉTAPE 2
Dans une poêle, fais fondre le beurre à couleur noisette. Débarrasse dans un ramequin.

ÉTAPE 3
Dans un saladier, mélange la farine, la poudre de noisettes, le sucre glace, le sel fin et la pulpe de la demi-gousse de vanille grattée. Incorpore un à un les blancs d'œufs au fouet. Remue et ajoute le beurre noisette.

ÉTAPE 4
Verse la pâte dans un moule beurré et fariné. Enfourne pour 40 minutes.

ÉTAPE 5
Au terme de la cuisson, démoule le financier sur une grille. Saupoudre de sucre glace si tu le souhaites.

CONSEILS

• On peut varier à l'infini les ingrédients du financier (fruits selon les saisons, pépites de chocolat, poudre d'amandes, de pistaches...).

• Ce gâteau moelleux apporte toujours du réconfort !

TARTE AU CITRON

TEMPS DE PRÉPARATION : 30 MINUTES - TEMPS DE CUISSON : 5 MINUTES
TEMPS DE RÉFRIGÉRATION : 30 MINUTES

POUR 4 PERSONNES

Pour le fond de tarte :
100 g de crêpes dentelle
140 g de chocolat blanc
20 g de beurre + pour les moules

Pour le crémeux citron :
150 g d'œufs
150 g de sucre
1 zeste de citron jaune
12 cl de jus de citron jaune
2 feuilles de gélatine
200 g de beurre froid

Pour la déco :
1 citron jaune bio
1 meringue nature cuite *(facultatif)*

ÉTAPE 1

Beurre les moules à l'avance : soit des moules individuels à bord droit, soit des cercles à tarte. Si tu utilises un cercle, beurre-le, découpe un papier sulfurisé au même diamètre, beurre-le également et dépose-le dans l'assiette de dressage avec le cercle par-dessus.

ÉTAPE 2

Dans un saladier, émiette les crêpes dentelle. Dans un second saladier, fais fondre au bain-marie ou au micro-ondes le chocolat et le beurre, verse l'ensemble sur les crêpes dentelle écrasées et mélange bien le tout. Tapisse le fond des moules ou du cercle de cette pâte à l'aide d'une cuillère, puis place au congélateur le temps de préparer le crémeux citron. Il est conseillé de le laisser un peu plus de 30 minutes.

ÉTAPE 3

Dépose les feuilles de gélatine dans un bol d'eau froide avec quelques glaçons. Dans une casserole, bats les œufs avec le sucre, le zeste de citron râpé et le jus de citron. Laisse chauffer doucement sans porter à ébullition tout en fouettant. Le mélange est très délicat car les œufs ne doivent pas cuire en omelette. Hors du feu, incorpore la gélatine pressée entre tes mains, mélange de nouveau.

ÉTAPE 4

Verse la préparation dans un saladier déposé sur un second rempli de glaçons. Mélange à l'aide d'une maryse ou d'un fouet, la descente en température ira plus vite. La crème doit être tiède, car tu dois incorporer le beurre à cette préparation à l'aide du mixeur.

ÉTAPE 5

Retire le saladier du bol de glaçons, verse le beurre froid coupé en petits cubes et commence à mixer, la préparation va éclaircir et prendre du volume. Mixe 2 à 3 minutes. Verse la crème à l'aide d'une maryse dans une poche munie d'une douille de taille 12. Réserve au frais environ 30 minutes.

ÉTAPE 6

Sors les fonds de tarte du congélateur, dresse des boules de crémeux citron dessus.
Râpe un peu de zeste de citron jaune à la minute.
Si tu le souhaites, décore avec de petits morceaux de meringue.

PÊCHES MELBA

TEMPS DE PRÉPARATION : 15 MINUTES - TEMPS DE CUISSON : 15 MINUTES

POUR 4 PERSONNES

½ litre de glace vanille
¼ de litre de sorbet framboise
50 g de framboises pour la glace
125 g de framboises fraîches
100 g de coulis de framboises

Pour les pêches au sirop :
4 pêches fraîches et mûres
60 cl d'eau
20 cl de vin doux
250 g de sucre
1 zeste de citron jaune
Quelques feuilles de verveine

ÉTAPE 1
Dans un saladier bien froid que tu auras laissé au congélateur, mélange délicatement la glace vanille et le sorbet framboise à la spatule, puis incorpore délicatement 50 g de framboises fraîches pour faire un effet truffé. Réserve au congélateur.

ÉTAPE 2
Dans une casserole, verse le vin doux avec l'eau, ajoute le sucre, mélange pour faire fondre le sucre, puis mets le zeste de citron et les feuilles de verveine. Porte à ébullition, plonge les pêches entières dans le sirop, baisse à feu doux et laisse-les cuire 5 minutes en fonction de leur taille et de leur texture. Vérifie la cuisson, la pointe d'un petit couteau doit rentrer facilement dans la chair des fruits. Égoutte les pêches à l'aide d'une araignée et dépose-les dans une assiette, épluche-les, ouvre-les et retire les noyaux. Réserve au frais.

ÉTAPE 3
Fais réduire le sirop à feu moyen, sans les feuilles de verveine, comme ça, tu pourras napper les pêches pour les faire briller.

ÉTAPE 4
Dépose les pêches quand elles sont froides dans des assiettes creuses. Nappe-les de sirop délicatement, dépose 1 boule de glace marbrée, 1 cuillerée à soupe de coulis de framboises et quelques framboises fraîches.

CONSEIL

Tu peux faire ton coulis toi-même : verse 135 g de framboises dans le bol d'un petit mixeur et mixe quelques minutes. Puis verse le coulis à travers une passette fine, au-dessus d'un petit bol. Il est inutile d'ajouter du sucre si les framboises sont de pleine saison. Le sucre est déjà dans le dessert.

ŒUFS EN NEIGE À LA CASSEROLE

TEMPS DE PRÉPARATION : 30 MINUTES - TEMPS DE CUISSON : 10 MINUTES

POUR 4 PERSONNES

4 œufs
80 g de sucre
75 cl de lait entier
80 g de sucre vanillé
25 g d'amandes effilées

ÉTAPE 1

Sépare les blancs des jaunes d'œufs.
Verse les blancs dans un saladier ou la cuve du batteur et les jaunes dans un second saladier. Dans le bol du batteur ou au fouet électrique, commence à monter les blancs en neige, verse le sucre en pluie et laisse-les meringuer. Arrête de monter quand ils sont bien crémeux.

ÉTAPE 2

Fais chauffer doucement le lait dans une casserole. Forme à la cuillère les œufs en neige, sans essayer d'avoir des boules régulières, et dépose-les au fur et à mesure sur le lait à feu très doux. Laisse-les cuire 1 minute, puis retourne-les et cuis de nouveau 1 minute. Au terme de la cuisson, dépose les œufs en neige dans une assiette et réserve-les au frais.

ÉTAPE 3

Dans le saladier où se trouvent les jaunes, ajoute le sucre vanillé et fouette pour blanchir le mélange. Verse dessus le lait chaud en remuant, mélange quelques secondes, puis reverse le tout dans la casserole. Laisse cuire 4 à 6 minutes à feu très doux sans cesser de remuer à l'aide d'une spatule jusqu'à ce que la crème soit nappante. Tu peux vérifier la cuisson en passant ton doigt le long de la spatule : la crème doit rester figée sur les côtés. Laisse un peu refroidir la crème, puis place-la au frais ou fais-la refroidir dans un saladier sur un second récipient rempli de glaçons.

ÉTAPE 4

Toaste rapidement les amandes effilées dans une poêle à sec, ou au four.

ÉTAPE 5

Dans un saladier, verse la crème anglaise froide et, par-dessus, dépose les blancs en neige, parsème d'amandes effilées toastées.

CONSEILS

- Évite de cuire les jaunes d'œufs sur feu vif car tu pourrais faire des œufs « brouillés » !
- Si jamais tu rates ta crème anglaise, tu peux essayer de la rattraper en déposant ta casserole dans ton évier avec de l'eau froide. Cela va stopper la cuisson. Ajoute ensuite un peu de lait froid et fouette énergiquement. Normalement, ta crème anglaise est sauvée !

MOUSSE LACTÉE STRACCIATELLA FRAMBOISES

TEMPS DE PRÉPARATION : 20 MINUTES - TEMPS DE CUISSON : 10 MINUTES

POUR 4 PERSONNES

180 g de chocolat au lait
40 g de chocolat noir
1 jaune d'œuf
10 g de sucre semoule
50 g de lait entier
5 cl de crème liquide entière
18 cl de crème liquide entière bien froide
125 g de framboises fraîches

ÉTAPE 1

Prépare de fins copeaux de chocolat noir à l'aide d'un économe et réserve.
Dans un saladier, dépose le chocolat au lait coupé en petits morceaux, puis fais-le fondre à feu doux dans un bain-marie. Retire-le du feu et réserve. Dans un autre saladier, fouette le jaune d'œuf avec le sucre.

ÉTAPE 2

Dans une casserole, fais chauffer le lait avec les 5 cl de crème liquide. Verse le liquide chaud sur le mélange jaune-sucre.
Émulsionne au fouet, puis reverse le tout dans la casserole et laisse cuire à feu doux en mélangeant à l'aide d'une spatule jusqu'à 82 °C (si tu as un thermomètre. Si tu n'en as pas, la préparation ne doit pas bouillir.) La crème doit napper le dos de la spatule et, lorsque tu passes le doigt au milieu de la crème sur cette spatule, elle doit rester figée. Retire du feu.

ÉTAPE 3

Verse la crème sur le chocolat, en formant ce que l'on appelle « un noyau élastique et brillant » et continue de mélanger à l'aide d'un mixeur à main pour qu'il soit parfaitement homogène. Réserve mais surtout pas au frais.

ÉTAPE 4

Dans un saladier ou la cuve du batteur bien froide, monte les 18 cl de crème liquide bien froide. Elle ne doit pas être dure, elle doit être lisse et onctueuse mais légèrement résistante, comme une meringue. Commence à l'incorporer au chocolat à l'aide d'une maryse, au départ juste un quart, puis intègre le reste de crème avec les copeaux de chocolat noir.

ÉTAPE 5

Dans des ramequins ou un grand plat, verse la mousse en y incorporant les framboises fraîches coupées en deux. Dépose au-dessus quelques framboises pour la déco.

CONSEIL

Tu peux changer de fruits en fonction des saisons : l'hiver, des fruits de la Passion et de la banane, au printemps, des fraises et en automne, des fruits noirs.

ANANAS RÔTI À LA VANILLE COCO

TEMPS DE PRÉPARATION : 20 MINUTES - TEMPS DE CUISSON : 10 MINUTES

POUR 4 PERSONNES

- 1 ananas Victoria
- 50 cl d'eau
- 150 g de sucre
- 1 zeste de citron jaune
- 1 gousse de vanille
- 50 g de beurre
- 40 g de sucre
- Sorbet noix de coco
- 2 cuil. à soupe de noix de coco torréfiée

ÉTAPE 1

Coupe le plumeau et l'extrémité de l'ananas, puis retire la peau et, à l'aide d'un économe, les yeux dans le fruit. Coupe l'ananas en deux, puis en morceaux.

ÉTAPE 2

Dans une casserole, verse l'eau, 150 g de sucre, le zeste de citron et la gousse de vanille fendue en deux et grattée. Porte à ébullition et mélange bien. Laisse infuser 5 minutes.

ÉTAPE 3

Verse le sirop sur les morceaux d'ananas, retire la gousse de vanille.

ÉTAPE 4

Dans une poêle, fais chauffer le beurre, commence à colorer les morceaux d'ananas, saupoudre de sucre, puis retourne-les. Fais caraméliser à feu vif environ 5 minutes.

ÉTAPE 5

Dans les assiettes, répartis l'ananas, dépose à côté ou dessus 1 boule de glace à la noix de coco, puis parsème de noix de coco râpée.

CONSEIL

Pour torréfier la noix de coco râpée, étale-la sur une plaque de cuisson et enfourne pour quelques minutes à 180 °C.

MON GÂTEAU AU CITRON

TEMPS DE PRÉPARATION : 10 MINUTES - TEMPS DE CUISSON : 20 MINUTES

POUR 4 PERSONNES

- 2 citrons non traités
- 120 g de beurre pommade
- 120 g de sucre
- 2 œufs
- 120 g de farine
- 11 g de levure chimique

ÉTAPE 1

Préchauffe le four à 180 °C.

ÉTAPE 2

Dans un saladier, mélange au fouet le beurre pommade avec le sucre et les œufs. Incorpore la farine et la levure préalablement mélangées.

ÉTAPE 3

Verse dans l'appareil le jus des 2 citrons et les zestes récoltés à l'aide d'une râpe Microplane®. Remue.
Verse la pâte dans un moule à gâteau antiadhésif.
Enfourne pour 20 minutes.

ÉTAPE 4

Au terme de la cuisson, démoule le gâteau après l'avoir laissé un peu refroidir.

CONSEILS

- Tu peux remplacer le citron par un autre agrume (clémentine, yuzu, orange...). Utilise des agrumes non traités.
- Tu peux ensuite parfumer ce gâteau avec de la cannelle, de l'anis, de la cardamome selon tes goûts.
- Pour obtenir du beurre pommade, sors ton beurre au moins 1 heure à l'avance du réfrigérateur afin qu'il ramollisse et soit facile à travailler.

TIRAMISÙ À LA CHICORÉE

TEMPS DE PRÉPARATION : 15 MINUTES - TEMPS DE RÉFRIGÉRATION : 30 MINUTES

POUR 4 PERSONNES

7 biscuits à la cuillère
7,5 g de café moulu
20 g de chicorée en poudre
40 cl d'eau
3 jaunes d'œufs
105 g de sucre
150 g de mascarpone
37,5 cl de crème liquide entière bien froide

Pour la finition du tiramisù :
4 g de cacao en poudre
6 g de chicorée en poudre
12 g de poudre de spéculoos

ÉTAPE 1
Mélange le café moulu avec la chicorée et mets le tout dans un filtre à café ou dans un linge fin. Fais bouillir l'eau et verse-la dans le filtre. Attends que le café soit terminé. Verse le liquide dans une assiette creuse.

ÉTAPE 2
Au batteur à main ou au robot, fouette les jaunes d'œufs avec le sucre dans la cuve bien froide, ajoute le mascarpone, continue à mélanger, puis verse la crème liquide bien froide et forme comme une chantilly.

ÉTAPE 3
Dans un bol, mélange le cacao en poudre avec la chicorée et la poudre de spéculoos que tu mixeras toi-même. Réserve.

ÉTAPE 4
Monte le tiramisù dans un plat de service : trempe 3 biscuits à la cuillère dans le café. Dépose-les au fond du plat. Coule la moitié de ta crème au mascarpone sur les biscuits à la cuillère, saupoudre de ta poudre aux spéculoos, dépose les 4 biscuits à la cuillère trempés dans le café, coule le reste de la crème, lisse le dessus si tu le souhaites et réserve au frais sans filmer, au moins 30 minutes avant la dégustation.

ÉTAPE 5
Au moment de servir, saupoudre à l'aide d'une passette la poudre maison cacao/chicorée/spéculoos sur le dessus du tiramisù.

CONSEIL

Tu peux aussi préparer ce tiramisù la veille et le laisser au frais jusqu'au lendemain.

NEMS DE BANANE AU CHOCOLAT, FRAMBOISES À L'ANIS VERT

TEMPS DE PRÉPARATION : 20 MINUTES - TEMPS DE CUISSON : 10 MINUTES

POUR 18 NEMS

9 feuilles de brick
20 cl de crème liquide
15 g de sucre semoule
250 g de chocolat noir
1 banane
1 jaune d'œuf
25 g de beurre fondu
150 g de framboises fraîches + quelques-unes pour la déco
1 pincée d'anis vert
Sucre glace
Huile de pépins de raisin

ÉTAPE 1

Fais bouillir la crème avec le sucre dans une casserole, verse sur le chocolat en morceaux, mélange jusqu'à obtenir une ganache bien lisse et réserve.

ÉTAPE 2

Épluche la banane et taille-la en deux dans la longueur, puis en trois et en 3 bâtonnets. Bats le jaune d'œuf dans un bol.

ÉTAPE 3

Coupe les feuilles de brick en deux et taille les bords pour faire des rectangles. Sur le bas de chaque rectangle, dépose un morceau de banane et, par-dessus, 1 cuillerée à soupe de chocolat. Replie le bord qui est vers toi sur la banane, puis les côtés droit et gauche et commence à rouler en serrant un peu. Quand tu arrives en haut, colle la feuille de brick avec du jaune d'œuf au pinceau. Passe ensuite du beurre fondu sur le nem pour éviter qu'il sèche. Renouvelle l'opération jusqu'à épuisement des ingrédients.

ÉTAPE 4

Mixe les framboises avec l'anis vert, mais ne passe pas le confit à la passette fine, garde toute la pulpe.

ÉTAPE 5

Dans un bain d'huile à 180 °C, fais frire les nems, 1 minute de chaque côté. Quand ils sont bien dorés, égoutte-les à l'aide d'une araignée sur un papier absorbant. Sers-les avec le confit de framboises, saupoudre de sucre glace et décore de framboises fraîches.

CONSEILS

- Tu peux faire une chantilly de coco pour accompagner ces nems : dans un siphon, verse 25 cl de lait de coco avec 15 g de sucre glace, visse une cartouche de gaz et dépose au frais. Tu auras une onctueuse chantilly coco. Choisis un lait de coco un peu épais, privilégie la marque Aroy-D® ou Suzi Wan®.
- Tu peux varier les fruits selon les saisons (fruit de la Passion, kiwi, fraise...).

MILLEFEUILLE AUX FRAISES

TEMPS DE PRÉPARATION : 15 MINUTES - TEMPS DE CUISSON : 15 MINUTES

POUR 4 PERSONNES

Pour les arlettes :
1 rouleau de pâte feuilletée (rectangulaire si possible)
150 g de sucre semoule

Pour la garniture :
150 g de fraises fraîches +
32 fraises entières de petite taille
25 cl de crème liquide entière bien froide
25 g de sucre glace vanillé maison
Sucre glace

ÉTAPE 1

Préchauffe le four à 200 °C. Sur le plan de travail, dépose le rouleau de pâte, saupoudre de sucre semoule. Forme un rouleau bien serré, puis taille des tranches d'1 cm d'épaisseur. Ensuite, étale chaque tranche au rouleau pour former un biscuit ovale, que l'on appellera une arlette. Dépose cette arlette sur une plaque à pâtisserie recouverte d'une feuille de silicone ou de papier sulfurisé. Recouvre d'une seconde feuille de silicone ou de sulfurisé, puis d'une seconde plaque à pâtisserie. Enfourne pour 15 minutes.
Quand les biscuits sont cuits, place-les sur une grille pour qu'ils refroidissent.

ÉTAPE 2

Taille les 150 g de fraises en petits cubes. Réserve. Monte la crème bien froide au robot avec le sucre vanillé jusqu'à obtenir une chantilly. Intègre dedans les dés de fraise à l'aide d'une maryse et, avec une écumoire, verse la crème dans une poche à douille. Réserve au frais.

ÉTAPE 3

Dans les assiettes de dressage, pose une arlette, dresse dessus un gros point de chantilly à l'aide de la poche, puis range autour des fraises entières. Dépose une deuxième arlette, recommence l'opération, ferme avec une troisième arlette et saupoudre de sucre glace.

CONSEIL

Pour ton sucre vanillé maison, mélange 25 g de sucre semoule avec les graines d'¼ de gousse de vanille fendue et grattée.

FIGUES RÔTIES, GLACE AU SPÉCULOOS

TEMPS DE PRÉPARATION : 20 MINUTES - TEMPS DE CUISSON : 15 MINUTES

POUR 4 PERSONNES

12 figues de Solliès (ou figues de région)
2 cuil. à soupe de miel liquide ou de sirop d'agave
25 g de beurre demi-sel ou d'huile de coco
½ litre de glace vanille
35 g de biscuits spéculoos

ÉTAPE 1
Préchauffe le four à 180 °C.

ÉTAPE 2
Lave les figues et sèche-les bien. Dépose-les sur la planche, coupe soigneusement les queues et entaille le dessus en quatre, en formant une croix.
Range les fruits sur une plaque de four. Verse dessus le miel ou le sirop d'agave, puis dépose un morceau de beurre ou une petite cuillerée d'huile de coco sur chaque figue. Enfourne pour 10 à 15 minutes pour qu'elles soient bien rôties et surtout moelleuses. Laisse ensuite reposer quelques minutes.

ÉTAPE 3
Concasse assez finement les spéculoos. Dans le bac de glace vanille, ajoute 25 g de spéculoos concassés, mélange délicatement sans perdre le côté glacé. Remets au congélateur.

ÉTAPE 4
Dépose 3 figues rôties par assiette avec du jus de cuisson par-dessus, forme 1 boule de glace vanille-spéculoos et parsème de spéculoos concassé.

CONSEIL :
Ajoute de la chantilly
si tu en as envie.

POP-CORN CARAMÉLISÉ, SAUCE CHOCOLAT, GLACE CARAMEL BEURRE SALÉ

TEMPS DE PRÉPARATION : 15 MINUTES - TEMPS DE CUISSON : 20 MINUTES

POUR 4 PERSONNES

Pour le pop-corn :
45 g de maïs à pop-corn
180 g de sucre
10 cl d'eau
30 g de beurre doux
1 cuil. à soupe d'huile végétale
5 g de beurre demi-sel

Pour la sauce chocolat :
8 cl de lait
8 cl de crème liquide
25 g de sucre
100 g de chocolat noir

Pour accompagner :
8 boules de glace au caramel beurre salé

ÉTAPE 1
Dans une casserole, fais fondre l'huile avec le beurre demi-sel, puis verse les grains de maïs, couvre et laisse éclater les grains jusqu'à la fin. Arrête la cuisson et verse le pop-corn dans un saladier.

ÉTAPE 2
Dans une petite sauteuse, fais chauffer le sucre et l'eau sans remuer, sur feu moyen et forme un caramel blond. Baisse le feu et ajoute le beurre doux, mélange bien pour obtenir une crème lisse. Verse-la tout de suite sur le pop-corn et mélange bien à la spatule. N'attends pas que les pop-corns se collent entre eux, étale-les directement sur une plaque à pâtisserie et laisse-les refroidir.

ÉTAPE 3
Dans une casserole, fais bouillir le lait et la crème avec le sucre, verse sur le chocolat haché ou coupé en morceaux dans un grand bol, mélange et laisse de côté.

ÉTAPE 4
Dans chaque coupelle, dépose 2 boules de glace au caramel beurre salé, ajoute le pop-corn caramélisé, verse la sauce chocolat chaude et déguste !

GÂTEAU DE SAVOIE, COMPOTÉE DE FRUITS

TEMPS DE PRÉPARATION : 25 MINUTES - TEMPS DE CUISSON : 25 MINUTES

POUR 4 PERSONNES

Pour le gâteau de Savoie :
4 œufs
40 g de farine
40 g de fécule de maïs
80 g de sucre glace
1 citron bio

Pour la compote de fruits :
150 g de purée de framboises
½ feuille de gélatine
40 g de sucre semoule
1 pamplemousse
1 orange
1 douzaine de framboises
Beurre et sucre pour le moule

ÉTAPE 1
Préchauffe le four à 190 °C. Beurre et sucre un moule à gâteau, dépose-le au frais. Dans un saladier, mélange la farine et la fécule. Passe au tamis et réserve.

ÉTAPE 2
Sépare les jaunes des blancs d'œufs. Monte les blancs en neige avec le sucre glace jusqu'à obtention d'un bec d'oiseau. Fouette les jaunes et verse-les dans l'appareil, donne un tour de batteur. Retire le fouet du mélange et incorpore à la maryse la moitié du mélange farine-fécule. Râpe le zeste du citron. Intègre enfin le reste de farine et fécule.

ÉTAPE 3
Verse la pâte dans le moule froid aux trois quarts de sa hauteur, égalise le dessus à l'aide d'une petite spatule. Enfourne pour 20 minutes.

ÉTAPE 4
Dépose la demi-feuille de gélatine dans un bol d'eau froide. Dans une casserole, sur feu moyen, verse la purée de framboises avec le sucre semoule et, à la première ébullition, retire du feu. Ajoute le jus de citron et la feuille de gélatine pressée entre tes mains.

ÉTAPE 5
Pèle le pamplemousse et l'orange à vif à l'aide d'un couteau d'office, lève les suprêmes des deux agrumes. Coupe les suprêmes du pamplemousse en deux et intègre-les dans la compotée. Garde de côté les suprêmes de l'orange pour la déco.

ÉTAPE 6
Vérifie la cuisson du gâteau à l'aide de la lame d'un couteau, sors-le du four. Démoule-le quelques secondes plus tard. Coupe-le en parts. Sers-le avec la compotée de fruits, des framboises fraîches et les suprêmes d'orange.

CONSEILS :
Varie les fruits selon
les saisons. Si tu ne veux pas
utiliser de gélatine,
utilise de l'agar-agar.

MACARONS AMANDE-CACAHUÈTE

TEMPS DE PRÉPARATION : 25 MINUTES - TEMPS DE CUISSON : 20 MINUTES
TEMPS DE RÉFRIGÉRATION : 2 H 15

POUR 20 MACARONS

Pour les macarons :
170 g de poudre d'amandes
150 g de sucre glace
155 g de sucre semoule
5 cl d'eau
114 g de blancs d'œufs vieillis à température ambiante (4 œufs)

Pour la ganache pâte à tartiner :
140 g de mascarpone
80 g de pâte à tartiner

Pour les cacahuètes caramélisées :
75 g de cacahuètes grillées et salées
35 g de sucre
2 cl d'eau

ÉTAPE 1

Préchauffe ton four à 180 °C. Mixe la poudre d'amandes à très grande vitesse pour en faire une poudre très fine. Verse-la sur une plaque à pâtisserie et enfourne-la pour 10 minutes. Laisse refroidir. Tamise-la au-dessus d'une feuille de papier sulfurisé, et pèse 150 g.
Verse dans un saladier avec le sucre glace tamisé, mélange et réserve.

ÉTAPE 2

Dans une casserole, fais chauffer l'eau avec 150 g de sucre semoule à 117 °C sans remuer.
Pendant la cuisson du sirop, commence à monter progressivement la moitié des blancs d'œufs (57 g) en neige et serre-les avec les 5 g de sucre semoule restant. Arrête la cuisson du sirop quand il est arrivé à bonne température et verse-le en un mince filet sur les blancs en neige tout en laissant battre à vitesse moyenne encore quelques tours. Verse immédiatement le reste des blancs d'œufs crus (57 g) et mélange de nouveau quelques tours.

ÉTAPE 3

Remplace le fouet du robot par la feuille (qui est un fouet plat), intègre le mélange tamisé de poudre d'amandes et sucre glace. Mélange délicatement à petite vitesse pour former un ruban. Retire la cuve du batteur et termine le macaronnage à la maryse.

(suite de la recette, double-page suivante)

(suite de la recette) **MACARONS AMANDE-CACAHUÈTE**

CONSEILS

- Les blancs d'œufs vieillis sont des blancs d'œufs que l'on casse 3 à 4 jours à l'avance et qui sont conservés au frais en boîte ou autre.
- Pour t'aider à dresser les macarons, tu peux tracer sur le papier sulfurisé des cercles de 3 cm de diamètre en quinconce avec un espace de 2 cm entre eux.

ÉTAPE 4

Verse la préparation dans une poche munie d'une douille de taille 8. Couche les macarons en quinconce sur une plaque à pâtisserie perforée recouverte de papier sulfurisé. Enfourne à 155 °C pour 15 minutes.

ÉTAPE 5

Mélange le mascarpone avec la pâte à tartiner. Réserve au frais 15 minutes, puis verse dans une poche munie d'une douille de taille 12.

ÉTAPE 6

Dans une casserole, porte à ébullition l'eau et le sucre, ajoute les cacahuètes préalablement toastées et fais cuire doucement pour les caraméliser. Débarrasse sur une feuille de silicone quand elles ont la couleur blonde. Laisse bien refroidir et casse-les en morceaux.

ÉTAPE 7

Sors les macarons du four et laisse-les refroidir avant de les garnir du mélange au mascarpone. Ajoute un peu de cacahuètes caramélisées par-dessus, puis colle les coques par paire et par taille. Place ces macarons au frais et déguste-les quelques heures plus tard.

• Garde les cacahuètes caramélisées dans une boîte hermétique dans un endroit à température ambiante sans humidité. L'idéal est de les faire au jour le jour. Ici, tu peux les remplacer par des pistaches, noisettes, noix de cajou, pignons...

OREILLETTES

TEMPS DE PRÉPARATION : 15 MINUTES - TEMPS DE CUISSON : 5 MINUTES

POUR 4 PERSONNES

- 500 g de farine
- 2 cuil. à soupe de sucre
- ½ paquet de levure de boulanger
- 4 œufs
- 125 g de beurre
- Eau de fleur d'oranger
- 1 zeste de citron
- Huile végétale pour la friture
- Sucre semoule ou sucre glace

ÉTAPE 1

Fais fondre le beurre.

ÉTAPE 2

Dans un saladier, verse la farine, forme un puits et mets-y le sucre, la levure et mélange. Ajoute les œufs l'un après l'autre tout en mélangeant, puis le beurre fondu, quelques gouttes de fleur d'oranger et le zeste de citron. Incorpore la farine petit à petit de façon à former une boule de pâte qui ne colle pas.
Laisse reposer 10 minutes à température ambiante.

ÉTAPE 3

Au terme du repos, saupoudre de farine la boule de pâte et étale-la au rouleau. Découpe des losanges fins à l'aide d'une roulette dentelée ou d'un couteau.

ÉTAPE 4

Plonge les oreillettes dans la friture chaude (190 °C). Fais-les dorer quelques secondes de chaque côté. Égoutte-les, puis dépose-les sur du papier absorbant dans un grand plat, saupoudre aussitôt de sucre glace ou semoule. Déguste tiède ou froid.

CONSEIL

Déguste ces oreillettes dans la journée car cela ne se conserve pas très bien, cela ramollit très vite.